かしこく学ぼう！ はじめての お金教室

監修：玉置 崇（岐阜聖徳学園大学教授）　みずほ証券株式会社（コーポレート・コミュニケーション部 投資教育推進室）

マンガ：いぢちひろゆき

お金を貯めるって
どういうこと？

3
お金を貯めよう

はじめに

みんなは、お金について考えたことあるかな？

今、着ている服も、使っているつくえも、ノートもえんぴつも、ぜんぶお金を出して買ったもの。

子どもも、おとなも、お金がなければ生活していけないんです。

でも、そんな大事なものなのに、お金のことはみんな意外と知らないはず。

この本では、みんなが今まで知らなかったお金のひみつを、知ることができます。読んでから、自分のお金についての考え方を、話してみてください。今の社会を考えるときにも、自分の未来を思いえがくときにも、お金について話し合ったことが、ヒントになるでしょう。

岐阜聖徳学園大学教授　玉置 崇

これから「お金」の話をはじめるよ。

円出先生

もくじ

この本の使い方

マンガのページ
1時間の授業を、
4ページのマンガで
学びます。

話し合ってみよう
マンガを読んで、クラスの
友だちと話し合ってみよう!

学ぼう! のページ
マンガのあとに、テーマについて
わかりやすく解説しています。

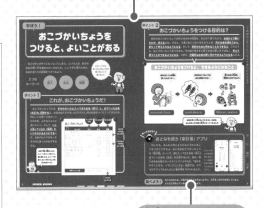

調べよう!
家の人に聞いたり、
本やインターネットで、
調べてみよう!

授業で考えよう　お金の話

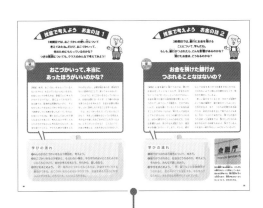

**授業で考えよう
お金の話のページ**
理解をさらに深めるための授業案です。
道徳の時間に、話し合ってみましょう。

おこづかいちょうを つけてみよう

おこづかいちょうを つけたことは あるかな?

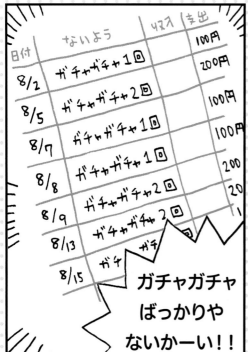

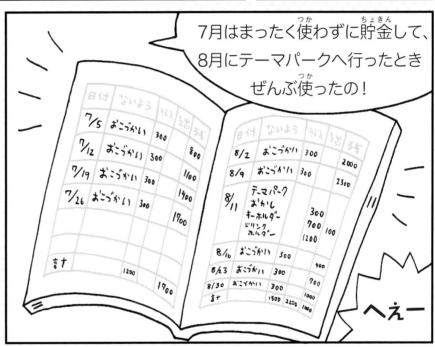

夏休みの間
おこづかいちょうを
つけてみて
どうだったかな？

おこづかいちょうは、きみたちのさいふに
いくらお金が入って、いくら出ていったのか、
その流れが見えるようにするためのもの！

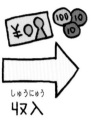
しゅうにゅう
収入

ししゅつ
支出

あとで見返すと、自分のお金の使い方の特徴が
見えてくる。

たしかに、自分があんなに
ガチャガチャにお金を
使っているとは、気付かな
かったなー

早く気付けよ！！

でも…
ボクもお菓子の
買い食いしなければ

マンガをもう1さつ
買えたなあ…

わたしも、ドリンクホルダーを
いきおいで買っちゃったけど、
よく考えたらいらなかったなー
すぐ弟にあげちゃったし…

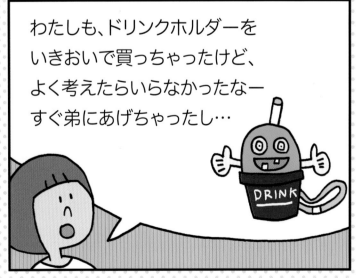

DRINK

ドリンクホルダーとか、
おこづかいちょうに
書かなかったら
わすれちゃってたよ
…

パラ
パラ

そうだね！

そういう気付きが、大切なんだ！

自分が何に
お金を使ったのかが
わかると、
お金の使い方が
変わるんだよ

だから
おこづかい
ちょうが
大事！！

何にお金を使うかは
個人の自由だけど、

後悔しないように
使いたいからね

低学年のころより
たくさんおこづかい
もらうようになったし…

これから毎月、
おこづかいちょう
つけようかな！

たしかにボクも
イモムシのガチャガチャに
ばっかり使うのは
もう卒業だな…

こんどは、世界のウミウシフィギュア
コレクション！！

同じ
だよ！

トホホ

話し合ってみよう どんなお金の使い方が、「むだづかい」なのかな？

おこづかいちょうを つけると、よいことがある

おこづかいがすぐになくなってしまう、という人は、自分の
お金の使い方を知るのがいちばんだ。じょうずに使うために、
お金の出入りの記録をつけてみよう。

このページでは、
おこづかいのじょうずな
使い方について
見てみよう！

3つの
キーワード

収入

支出

残高

これが、おこづかいちょうだ！

おこづかいちょうには、**きみのさいふに入ってきたお金（収入）と、出ていったお金（支出）を、記録するよ。**お金の出入りがあった日づけと、何のお金がいくら入ってきたのか、何にいくら使って出ていったのかを、上からじゅんに書いていく。そして、**いくら残っているか（残高）がいつもわかるようにするん**だ。お金の出入りがあったその日に書くのがおすすめだよ。

お店で買い物をしたら、
レシートをとっておこう。
家に帰ったら、レシートを
見て、おこづかいちょうを
つければいいよ。

入ってきたお金

使ったお金

残ったお金

おこづかいちょう

日にち 月	日	ないよう	収入	支出	残高
		前月ののこり			350
8	1	おこづかい	500		850
8	4	シール		108	742
		おかし		216	526
8	13	プレゼント		168	358
8	17	おばあちゃんから	1000		1358
8	23	絵の具(青と赤)		378	980
8	25	ジュース		110	870
8	27	シャーペン		120	750
		合計(合わせた金額)	1500	1100	750

350円に
500円を
足した金額

526円から
168円を
引いた金額

この月に
残ったお金

8

おこづかいちょうをつける目的は？

自分のおこづかいちょうの記録を、何ヵ月かまとめて見てみよう。**お金がどう動いたかが、見える**よね。すると、つぎにおこづかいをもらうとき、**何にお金を使おうかと、前もって考えられるようになる。**そして、**目的のために貯めることもできる**よ。このように、おこづかいちょうをつけると、その場で考えずに使うお金の使い方ではなく、**考えて使うことができるようになる。**つまり、**計画的なお金の使い方ができるようになる**んだよ。

おこづかいちょうをつけると、できるようになること

あのとき、こんな物を
買ったんだっけ…。

自分のお金の使い方を見る。

来月のおこづかいでは
あれを買おうかな！

お金の使い道を考える。

使うお金と貯金を、
最初から分けてみよう。

目的のために、お金を貯める。

お金を考えて使えるようになると、お金は、
みんなの人生の強い味方になってくれるんだ。

 知ってるかな？

¥ おとなも使う「家計簿」アプリ

おとなも、みんなと同じようにおこづかいちょうをつけたりするよ。おとなのおこづかいちょうは「家計簿」といって、家に入ってきたお金（収入）、出ていったお金（支出）を記録するんだ。毎月、収入のお金を超えないようにしてくらすのが、「家計をやりくりする」っていうことだよ。最近では、スマホのアプリでもかんたんに家計簿をつけられるんだ。

レシートをスマホで撮影するだけで、自動的に家計簿がつけられるアプリ。

写真提供：株式会社 Zaim

調べよう！ おとなはみんな、お金が足りなくならないように、工夫をしながら生活しているよ。
どんな工夫をしているか、聞いてみよう。

翌週——。

…というわけで、貯金を始めた！

へーそうなんだ

月1000円のおこづかいのうち、500円を貯めていけば、2000円いけるでしょ

なるほど

でも今週おまつりあるよ！

うおぅ楽しい！…けど誘惑が…

ガヤガヤ

りんごあめ

ショータりんごあめ食おうぜ！

300円

ガマンガマン…

うう〜〜

オレはケースケのプレゼントを買うために…

うまぁ〜

ただいまー…

ショータ…どうした！？

ヨーヨー

スーパーボール

パタリ

1000円使ってしまった…

サッカーボールあきらめて、このスーパーボールにしようかな……

同じボールだけどだいぶ小さいな…

翌月一。 …というわけで最初の1ヵ月でつまづいてしまいました…今がんばって貯めてるところ。

友だちのためにお金を貯めるって、とてもすてきだね!

お金って、目的があったほうがいい使い方ができるんだ

貯金は、目的をかなえるためにとてもべんりな方法なんだよ

ケースケへのプレゼントっていう目的があったから貯金しようと思ったけど

今まではお金を貯めるなんて考えたことなかったな…

通信教育のテキストなら何ヵ月もためてるけど!!

それはためちゃダメ!!

ボクは今
目的がないから
お金を貯める必要は
ないですよね？

いつお金が
必要になるかは
わからない
からね…

今はまだ見えない
目的のために
貯金しておくって
いうのも、
悪くないよ

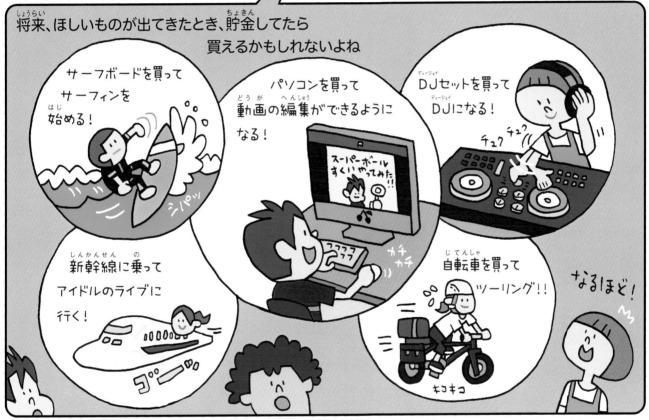

将来、ほしいものが出てきたとき、貯金してたら
買えるかもしれないよね

サーフボードを買って
サーフィンを
始める！

パソコンを買って
動画の編集ができるように
なる！

DJセットを買って
DJになる！

チュクチュク

スーパーボール
すくいやってみた！！

新幹線に乗って
アイドルのライブに
行く！

ゴーー

自転車を買って
ツーリング！！

キコキコ

なるほど！

そっか……たくさん
お金を貯めれば、
いろんな夢が
かなえられる
かも

それだったら
オレも
夢あるよ！！

ガチャガチャマシーン
はしからはしまで、ぜんぶ
制覇したい！

ズラーッ

結局
ガチャガチャ
かよ

話し合ってみよう みんなは、お金を貯めたことはあるかな？
何のために、貯めたのかな？

お金を貯めることの意味

1巻の1時間目で、お金には3つの役割があるって勉強したね。その中のひとつに「価値をとっておく」という役割があったよね。まとまった金額のお金は、いろいろな場面で役立つよ。

> このページでは、お金を貯めることについて、見てみよう！

**3つの
キーワード**
（大きな
お金）　（節約）　（満足感）

何のために、貯めるのかな？

プレゼントを買いたいと思ったとき、ショータにはそれだけのお金がなかったね。お金を必要なだけいつでも用意できる人は、ほとんどいないんだ。みんな、**節約してお金を貯めて、そのお金で買い物をする**んだよ。小さな金額では、小さな買い物しかできないけれど、**大きな金額になると、大きな買い物ができる**よ。

高価なプレゼントを
買いたいけれど
そのお金がない…
そんなとき、みんななら
どうする？

①そのとき買えるものを買う

> これしか買えなかったんだ。

お菓子をプレゼント。お友だちが、もらったことを覚えておいてくれるといいね。

②お金を貯めて、買う

> これ、プレゼント。大切にしてな。

時間をかけて手に入れた、価値の大きな贈り物。思い出の品にしてもらえるかな。

「ほしい」気持ちを、よく見てみよう

　買いたい、という気持ちは、どこからきたのかな？　だれにでも、ほしい物はたくさんあるけれど、**「ほしい物」**と**「必要な物」**はちょっとちがうよね。そして、必要というわけではないけれど、**「大切な物」**ということもある。だれかへのプレゼントなどは、この「大切な物」にあたるよ。

　むだづかいをしないようにするには、**買いたい物が「ほしい物」「必要な物」「大切な物」のどれなのか、考えよう。** そして、どれにお金を使ったら、自分の満足感が長続きするのかを考えよう。もっとも<u>しあわせを感じられるお金の使い方</u>が、いいお金の使い方なんだ。

3つの「ほしい」気持ち

ほしい物

必要な物

大切な物

ほしい物を買うのは、よいお金の使い方だ。けれど、すぐにあきてしまうかもしれない。すぐに買わず、時間をおいても本当にほしかったら、買おう。

必要だと思っても、じつはそれほど必要でなかったりもするよ。買う前に、じっくり考えよう。

自分には、かたちとしては残らないお金の使い方だね。けれど、だれかがよろこんでくれることで、自分も満足できるということもあるよ。

知ってるかな？

おとなは、何のためにお金を貯めるの？

　おとなが貯金する目的は、人それぞれだけれど、人生では大きなお金が必要になることがある。たとえば、年をとったら働くことがむずかしくなるうえに、病院にかかることも多くなるから、お金があると安心だ。ほかに、家を買うためのお金を貯める人も多いよ。子どもがいる家では、教育のためにもお金がかかる。「老後」「家」「教育」の３つは、「人生の三大費用」といわれているよ。

調べよう！ みんなの家の人は、お金を貯めているかな？　何のために貯めているのかな？　家の人に聞いてみよう。

お金を貯める方法

お金って、どうやって貯めるのかな?

ショータのいとこ(双子)の家

よう!

ショータ!

ヨシキ(兄) カズキ(弟)

そのゲーム買ったの!?

ふたりで協力してお金を貯めて買ったんだ!!

ガシッ

いっつもふたりはけんかしてるのに、そいうときはなかがいいんだな

うるせーよ

どうやって貯めたの!?

これだよ!!

BOMB

BOMB

爆弾!?

これは
爆弾型の貯金箱
！！

なんだ
びっくり
した…

一定期間
お金を入れないと、
大きな音でさいそくする
しくみなんだ！

ドカーン！

お金を
入れて
ください

BOMB

なるほどなー
それだったら
オレもお金
貯められそう！

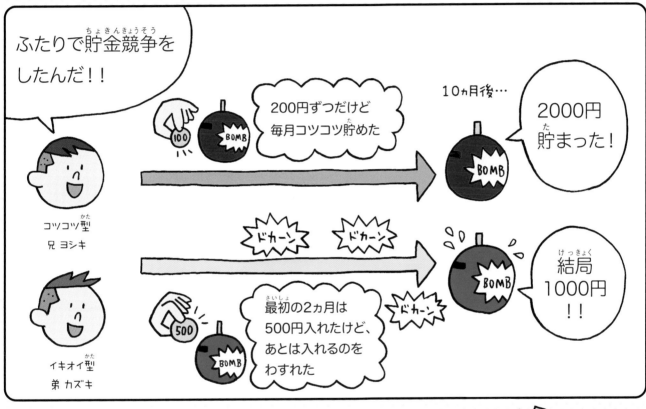

ふたりで貯金競争を
したんだ！！

コツコツ型
兄 ヨシキ

200円ずつだけど
毎月コツコツ貯めた

10ヵ月後…

2000円
貯まった！

イキオイ型
弟 カズキ

ドカーン　ドカーン

ドカーン

最初の2ヵ月は
500円入れたけど、
あとは入れるのを
わすれた

結局
1000円
！！

貯金にも、
ふたりの性格が出て
おもしろいなあ

だろ？

でも、自分のほうが
たくさん貯めたからって
ボクにやらせてくれない
ときがあるんだ！

そんなの
当然
だろ！

ドカーン

なんだよ
コイツ！

まったく
爆弾みたいな
ふたりだなー

ショータの家─。

ハハハ ヨシキとカズキらしいな

ところでお父さんはどうやって貯金してるの？

おとな用のでかい貯金箱？

パパはね…

コレ！！

〇田×志 様　店番303 口座番号 303b303　総合口座通帳　X△口BANK

このちっちゃいノートみたいなのにお金がはさんであるの？

出てこないよ！！

銀行の通帳だよ

お父さんは銀行に「口座」というものをつくって、そこにお金を預けているんだ！

あっ 駅前にあるやつ！！

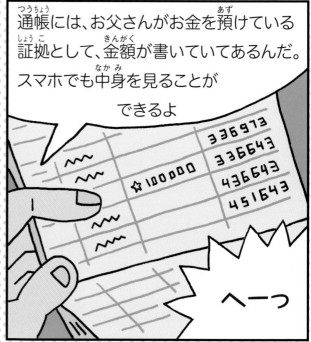

通帳には、お父さんがお金を預けている証拠として、金額が書いていてあるんだ。スマホでも中身を見ることができるよ

☆100000　336973　336643　436643　451643

へーっ

話し合ってみよう　きみなら、おこづかいを銀行に預ける？　貯金箱に入れる？　どちらかな？

銀行は何をするところ？

お金を貯めるには、貯金箱にお金を入れるほかに、銀行に預けるという方法がある。銀行って、何をするところなのかな？

このページでは、銀行の役割について見てみよう！

3つのキーワード

銀行口座　3つの役割　利息（利子）

ポイント1

「口座」のお金を管理する

銀行は、お金をあつかうところだ。**個人や会社が銀行にお金を預け入れることを「預金」というよ。** はじめてその銀行にお金を預けることを「口座を開く」とか「口座をつくる」などとよぶんだ。銀行に口座を持っていれば、その人はその銀行の「お客さん」ということになる。**自分が今、この銀行にどれだけのお金を預けているか、この口座を通して、管理していくことができるんだ。**

お金の出入りが記録される 「預金通帳」

今は、スマホなどでも記録を見ることができる。

銀行に口座を開いてお金を預け入れると、「預金通帳」がつくられる。

	年月日(和暦)	記号	お引出し金額(円)	お預入れ金額(円)	残 高(円)
			普通預金（兼お借入明細）		
1	17--2--1			繰越残高	*689,017*
2	17--2--7	振替	*1,768	トウキョウガス	*687,249*
3	17--2--15	振替	*1,075	トウキョウガス	*686,174*
4	17--2--17		*911	電気料	*685,263*
5	17--2--21	振替 普通預金利息		*2	*685,265*
6	17--2--21	振替	*15,344	ボーダフォン	*669,921*
7	17--2--22	振替	*2,923	水道料	*666,998*
8	17--2--22	現金	*210,000	カード	*456,998*
9	17--2--24	現金	*20,000	カード	*436,998*
10	17--2--28	振込		給与カ) *255,980	*692,978*
11	17--2--28	振替	*2,690	ＮＨＫ	*690,288*
12	17--3--3	振替	*1,160	電気料	*689,128*

預金通帳の中面には、口座にあるすべてのお金の動きが記録される。口座に入ってきたお金（預けたお金）と出ていったお金（引き出したお金）、口座に残っているお金が、動きのあった年月日とともに、記される。

通帳はなくなる？

みんながインターネットを使うようになって、今はスマホやパソコンで口座を管理できるようになっているよ。口座を開くときに、通帳をつくらない銀行などもあるんだ。今後、紙の通帳はなくなっていきそうだ。

預けているお金には、預けたお礼として「利息（利子ともいう）」というものがつくよ。

※銀行など金融機関のサービスについては、最新の情報を見るようにしてください。

ポイント2

銀行の3つの大きな役割

銀行には、**人々からお金を預かる役割**があるよね。また、こうして**人々から預かったお金を、必要な人に貸すのが、銀行のおもな仕事**なんだ。そしてもうひとつ、大切な役割がある。それは、**口座から口座へお金を動かすこと**だ。このとき、お金そのものが移動するわけではないよ。それぞれの口座に、引き落とされたお金とふりこまれたお金の数字が記されるんだ。このやり方なら、**遠くの人とのやりとりもすぐにできるし、会社から会社へ、大きな金額のお金を動かすときも安心**だ。

銀行の3つの役割

役割①　お金を預かる　　**役割②　お金を貸す**　　**役割③　お金を動かす**

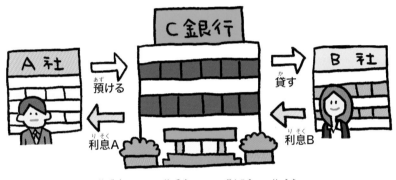
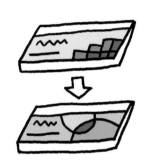

利息B － 利息A ＝ 銀行の利益

銀行に一定期間、お金を預けると、預けたお金に対して「利息」がつく。銀行から借りた人がお金を返すときには、「利息」の分をよけいに返す。お金を返すときの利息Bは、預けるときの利息Aより多いので、この差額が銀行の「もうけ（利益）」となる。

学校の給食費は、児童の保護者の口座から毎月引き落とされ、学校の口座へふりこまれる。

知ってるかな？

とくべつな役割をもつ日本銀行

　お札をよく見てみよう。どのお札にも「日本銀行券」とかいてあるね。日本銀行は、日本にあるすべてのお札を管理している、とくべつな銀行なんだ。国立印刷局へお札の印刷を注文したり、古くなったお札を処分したりするよ。それに、日本にあるたくさんの銀行がお金を借りるときは、日本銀行から借りるんだ。

すべてのお札に「日本銀行券」とかいてある。

調べよう！

みんなのまちには、銀行はあるかな？　調べてみよう。

お金を借りるのはよくないこと？

お金を借りることを「借金」、また「ローン」ともいうよ。

あっお姉ちゃん！！

ミナミちゃん乗ってく！？

お友だちもいっしょにどうぞ

ありがとうございます！

ところでこの車どうしたの、買ったの！？

そう！！銀行でお金を借りて買ったんだ

ローン※だから毎月3万円ずつ返していくのよ

ふーん

お礼に、イモムシのフィギュアさしあげます！

もー

ギャアァァァ

※ローンは、銀行などがお金を貸すこと。「マイカーローン」「住宅ローン」のように、目的ごとに名前が

ミナミちゃんの
家―。

ただ
いまー

お姉ちゃん、
銀行でお金を借りて、
車を買ったって!!

知って
るよ

おかえり

最初、お父さんに
借りようと
思ったんだけど、
銀行で
借りなさいって
言われたんだ

…でも、お金を借りるって
あんまりよくないこと
なんじゃないの?

そんなことはないよ。
借りたり貸したりできるって
いうのも、お金のべんりな
役割のひとつなんだ

家を買うお金や、学費など
大きなお金が必要になったときは
借金をすることが多いよ

家　車

学費　家具など

お金を返す力が
あることを、銀行に
信用して
もらわなくちゃ
いけないけどね

ふーん

こんど、わたしの運転で
テーマパークに
つれていってあげるね!!

やったー!!

パパも
つれてってー♥

べつにいいけど
……ちょっと
うざいかも
……

ついている場合が多い。お金を借りるという意味でも使われるよ。

先生一。

お姉ちゃんが
お金を借りて、
車を買ったの。
毎月3万円も
返すそうです！

だいじょうぶかな？

お父さんに
相談してるなら、
だいじょうぶじゃ
ないかな

お姉さんの場合は
いい借金だと
思うよ！

…というと？

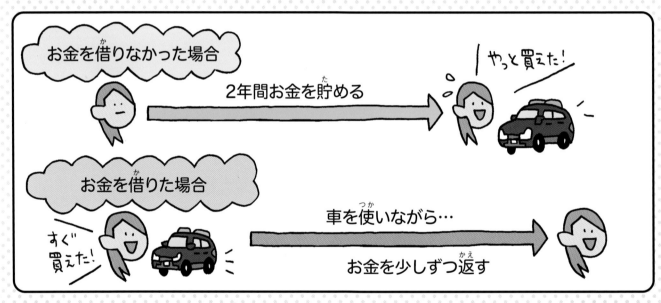

お金を借りなかった場合

2年間お金を貯める

やっと買えた！

お金を借りた場合

すぐ買えた！

車を使いながら…
お金を少しずつ返す

お姉さんは、車をすぐに
手に入れられたから、
仕事で車が必要なときにも
べんりに使うことが
できるよね

なるほど

そっかー、借金って
よくないイメージが
あるけど、いい借金も
あるんだなー

でも、お金はかんたんに借りてはいけないよ

どうして？

万が一、返せないってことになると、大変だからね！！

おとなになってからも、お金を借りるときには、家族や信頼できる人に相談してからにしよう！

先生も、お金を借りたことあるんですか？

あるよ！大学生のときに銀行からお金を借りて、外国に留学をしたんだよ

これがそのときの写真！！

えーっ意外とイケメン!?

何がどうなってああなった!?

よけいなおせわだよ！

話し合ってみよう 「いい借金」って、どんな借金のことかな？みんなで話し合ってみよう。

お金の貸し借りのルール

お金は、貸したり借りたりができるから、とてもべんりだよね。だけど、貸し借りが約束通りにいかないと、貸したほうも借りたほうも、苦労する。ルールをよく知っておこう。

このページでは、貸し借りのルールについて見てみよう！

3つのキーワード　返済期限　約束　利息（利子）

ポイント1

文書で約束をかわす

右の例は、ミナミちゃんのお姉さんが、ABC銀行から150万円を借りたときの約束の文書だよ。
①借りた金額
②お金を返す期限と返し方　（ポイント2）
③「利息」についての約束　（ポイント3）
④返すのがおくれた場合の約束
が書いてあるね。

ABC銀行は、ミナミちゃんのお姉さんにお金を返す力があるかどうかをしっかりと調べてから、契約書にハンコを押すよ。

借りた人が守らなければならない約束が、こまかく書かれているね。

見本

マイカーローン契約書

貸主（甲）ABC銀行
借主（乙）浜田ゆき

貸した人の名前
借りた人の名前

甲と乙は、つぎの通りマイカーローン契約を締結する。

❶ 第1条（貸借）
　甲は乙に対し、本日、金　百五拾　万円を貸し付け、乙はこれを受領した。

❷ 第2条（返済方法）
　乙は甲に対し、毎月25日までに、48回の分割にて甲の指定する銀行口座に振りこむ方法により返済する。

❸ 第3条（利息）
　利息は年　2　％とする。乙は甲に対し、利息を毎月25日までに甲の指定する銀行口座に振りこむ方法により支払う。

❹ 第4条（遅延損害金）
　乙の返済がおくれた場合は、おくれた日の翌日から全額の返済まで、年15　％の遅延損害金を支払う。

上記のマイカーローン契約を証するため、この契約書2通を作成し、それぞれ記名押印の上、各1通を持っていること。

令和　2　年　10　月　1　日
住所
貸主（甲）ABC銀行　印
住所
借主（乙）浜田ゆき　印

ポイント2

借りたお金は期限までに返す

お金を借りるときには、いつまでに返すか、約束をする。**返済期限は、ぜったいに守らなくてはいけない。**守れなかったら、貸した側の損になってしまうんだ。もし返せないと、その人は「信用」をなくしてしまう。**返すことができるように計画をきちんと立ててから、借りなければならないよ。**

貸していただき助かりました。

またのお取引を、お待ちしております。

お金を貸す側は、約束を守ることができる人だと判断して、貸す。借りた側は、約束通りにお金を返すことで、信用が増す。

ポイント3

借りたお金には「利息」をつけて返す

お金を借りた人は、借りたお金といっしょに、利息をつけて返す必要があるよ。左の文書の例では、ミナミちゃんのお姉さんは150万円を借りて、48ヵ月（4年）に分けて毎月返す約束をしている。そのときに、利息もあわせて払うよ。**利息は、お金を借りる目的や条件によってちがう。**お金を借りる前に、条件をよくたしかめよう。

知ってるかな？

¥ 品物を預かってお金を貸す「質屋」

「質屋」は、値打ちのある品物を預かり、かわりにお金を貸す商売をするお店のことだ。お客さんは、お金を借りるための信用として、大切な持ち物を預ける。借りたお金を返せなければ、預けた品物は質屋の物になるんだ。昔は、人々のくらしにかかせない大切な存在で、江戸時代には人々は着物や鍋、大工道具などをよく預けていたようだ。今も各地にあって、高級腕時計や宝石、高級バッグなどを預ける人が多いよ。

東京都文京区に建物が残っている、旧伊勢屋質店。左の白い建物は、預かった品を大切にとっておくための蔵。

写真提供：跡見学園女子大学

調べよう！

銀行はお金を貸す前に、相手が信用できるかどうか、調べるよね。じっさいには、相手の何を調べるのかな？

弁償って何だろう

お金には、価値をうめあわせる役割もあるよ。

あっ!!

ヤバイ……

やっちまったな……

こりゃ弁償だ…

あれか!?

便所じゃないよ！弁償っ！

ガラス代を払わないといけないってことだよ！

オレじゃないからな、ショータだからな！

キャッチボールやろうって言ったのダイキじゃん！

先に帰る、またな！

おい、ダイキ！

前のページ「調べよう！」の答え・・・銀行が相手の信用について調べるときには、年齢、どれくらいの収入

ほんとに
すみません
でした

こんどから
気をつけてね

お母さん…
ガラスの弁償代
いくらだった？

3万円くらいよ

えーっ!!

わざとじゃ
なかったんだよ
……

わざとか、わざと
じゃないかは
関係ないのよ

あのおうちの人にとって、
窓がわれてこまることに
かわりはないん
だから

ま、今日は
お母さんに
正直に
話したし…

おばさんにも
心からあやまって、
ゆるしてもらえたから…
よしとしましょう！

3万円は
いたかった
けどね！！

3万円
だもん
な…

ボクなんて、ケースケにあげた
サッカーボールのお金を貯める
だけでも、大変だったのに…

（稼ぎなど）があるか、過去に借りたお金を返せなかったことがないか、などを調べるよ。

ショータくんが
ガラスをわっちゃった件、
解決してよかったね！！

でも…お母さんに
お金を使わせて
しまって、まだ
ヘコんでるんです～

気持ちはわかるけど
…お金でうめあわせが
できるもので
よかったんじゃ
ないかな！？

うめあわせ
できないものって
何……？

たとえば
……

ショータのボールが
家の中の金魚鉢にぶつかって
こわしてしまい、おうちの人が
大切にしていた金魚が
死んでしまったら……

それは
たしかに…
お金で
弁償できない
かも…

金魚屋さんで買えば
金魚は1匹数百円で
買えるかもしれない
けど…

おうちの人が
その金魚を
大切に育てながら
いっしょにすごした
時間を考えたら、
値段はつけられないよね…

そっか！
そう思ったら
まだ
よかったの
かもしれない
…

失敗をしてしまっても
お金で解決できる場合が
あるということと、

お金ではうめあわせが
できないものもある、って
いうことも覚えておいてね

オレ、
にげちゃって
悪かったな
…

ショータ、この前
悪かったよ、ゴメンな

いきなり
なんだよ！

ショータとの友情も
お金にかえられない
ものだなと思って…

ハハハ

もう
いいよ

じゃあ、
なかなおりな

ガシッ

今日帰ったらまた
キャッチボール
やろうぜ！

しばらくは
かんべんしてよー

話し合ってみよう お金でうめあわせできないものって、
ほかにどんなものがあるかな？

31

お金のもうひとつの使い方

世の中にたくさんの人がくらしていると、わざとではなくても、相手に損害を与えてしまうことがある。そんなとき、お金で損害をうめあわせたり、おわびの気持ちをあらわしたりできる場合もあるんだ。

このページでは、「弁償」などでのお金の使い方について見てみよう！

3つのキーワード

弁償　　うめあわせ　　気持ちをあらわす

ポイント1

なくなった価値を、お金でうめあわせる

うっかりした事故で、場合によっては、人の物をだいなしにしてしまうような失敗が起こるよね。こわしてしまった物はもとの状態にはもどらないけれど、なくなった価値を、お金に置きかえることはできる。**なくなった価値のうめあわせをするのに、お金は力を発揮するよ。こんなお金の使い方を「弁償」というよ。**

「弁償」が必要な場合の例

友だちのメガネを、うっかりこわしてしまった…

自転車で、車を傷つけてしまった…

お店の商品を、うっかり落としてこわしてしまった…

気持ちを、お金であらわす

おとなの世界では、つきあいの深い人に、**気持ちをお金であらわす場合があるよ。お祝いの気持ちや、亡くなった人をとむらう気持ち、いつでも力になるよというはげましの気持ちなど**を、お金であらわすことができるんだ。いろいろな場面でお金が活躍するんだよ。

∨

気持ちをお金であらわす場合の例

友だちや親戚が結婚したら…

おめでとう。おしあわせに。

出産や入学のとき…

おめでとう！

お葬式では…

ご愁傷さまです。

知り合いが事故や災害にあったら…

大変だったね。元気をだして。

応援したいなかまに…

甲子園がんばって!!

みんなで集めたよ。応援しているよ。

 知ってるかな？

「保険」って、何だろう

事故にまきこまれたり、病気になったりすることは、だれにでも起こるかもしれないよね。保険とは、だれかが被害にあう場合にそなえて、たくさんの人々がお金（保険料）を出し合い、そのお金を元にして、被害にあった人にまとまったお金（保険金）を支払う制度だ。生命保険や損害保険など、いろいろな種類がある。いざというときのために、保険はとても役に立つよ。

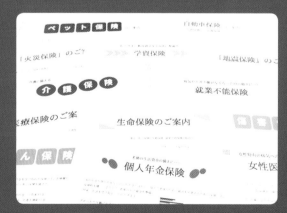

さまざまな保険のパンフレット。生命保険、自動車保険、地震保険、火災保険など、たくさんの種類がある。

調べよう！ たとえば、まちの図書館で借りた本にジュースをこぼして、読めなくしてしまったとする。この場合は、どうすればいいのかな？　図書館でたずねてみよう。

授業で考えよう　お金の話 1

1時間目では、おこづかいの使い方について
考えてみたね。だけど、おこづかいって、
何のためにもらっているのかな?
つぎの質問についても、クラスのみんなで考えてみよう!

質問

おこづかいって、本当に
あったほうがいいのかな?

【解説】毎月、おこづかいをもらっている人もいるけれど、もらっていない人もいるよね。お金についての考え方は、家庭ごとにちがうだけでなく、国によってもちがう。ある国では、経済的な問題がないのに、子どもが小さいうちはおこづかいを与えないという教育をしている家が多いんだって。それは、お金というものは、働くなどしてはじめて得られるものであって、何もしないで手に入れられるものではないと考えるからなんだ。お金を得たかったら、子どもも家の仕事をしなければ

ならない。必要な物があれば、理由をきちんと説明することで、買ってもらえるんだ。

このように、おこづかいをもらっていない人は、お金が必要になったとき、どう働けばお金を得られるかを考えたり、お金が必要な理由をしっかり説明したりすることを学べるよね。

では、おこづかいをもらっている人はどうかな?　決まった金額をもらっている場合は、そのなかで使い方を工夫することを学べるよね。どちらがいいのかな?　こんなふうに、お金の教育には、さまざまなものがあるんだ。

学びの流れ

❶みんながおこづかいをもらう理由を、考えよう。

❷おこづかいをもらう場合と、もらわない場合、それぞれのよいところとよくないところについて、自分の考えをもとう。それから、話し合おう。

❸学びをまとめよう。　例:毎月おこづかいをもらえれば、お金をやりくりする練習ができる。おこづかいをもらわないやり方でも、お金を得る方法などを学ぶことができる。どちらにも、よいところがある。

授業で考えよう　お金の話2

3時間目では、銀行にお金を預ける
ことについて、学んだね。
もしも、銀行がつぶれたら、どんな影響があるのかな？
預けたお金は、どうなるのかな？

質問

お金を預けた銀行が つぶれることなはないの？

【解説】お金を銀行に預けておけば、預けたお金はぜったいになくならず、安全なのかな？ じつは「ぜったい」というわけではない。お金を預けた銀行の経営状態が悪くなって、つぶれてしまうという可能性も、ゼロではないんだ。お金を預けている人たちにお金を返すことができなくなれば、預けた人や会社はとてもこまるよね。ひとつの銀行がつぶれると、ほかの銀行やたくさんの会社にも、大きな影響が出る。世の中は大混乱になり、国全体が危機におちいってしまう。だから、銀行

などでお金をあつかう仕事をする人たちは、つぶれないように細心の注意をはらって、毎日の仕事をしているよ。
　新しい銀行をつくるとき、日本では金融庁という国の機関が、銀行業を行ってよいという許可を出す。また、つぶれる危険がある銀行には、政府がお金を出して助けることもある。万が一つぶれた場合でも、預けたお金のうち決まった金額までは、預けた人たちにお金が支払われる制度もあるよ。預けている人のお金の一部を守るしくみになっているんだ。

学びの流れ

❶銀行がつぶれる可能性について、知ろう。
❷銀行がつぶれると、社会はどうなるのか、考えよう。
　それから、みんなで話し合おう。
❸学びをまとめよう。　例：銀行などの金融機関が
　つぶれると、世の中がとても混乱する。それをさけ
　るために、さまざまな対策がたてられている。

国の機関である金融庁は、それぞれの銀行が正しく仕事をしているか、見はる仕事をする。銀行免許を与える役目もあり、経営があぶなくならないようにも、目を光らせる。

授業で考えよう　お金の話 3

4時間目で、お金は借りることができると
学んだね。お金のべんりな使い方のひとつだ。
けれど、つぎの質問について、答えを知っているかな？
クラスのみんなで考えてみよう！

質問

銀行などから借りたお金を返さなければ、どうなるの？

【解説】貸したお金が返ってこなかったら、銀行など貸した方は、とてもこまる。お金の貸し借りは、ぜったいに約束を守らないといけない。

お金を借りるときには、利息分もふくめてきちんと返すことができると考えて借りるはずだ。けれど、返せなくなる人もいる。理由はいろいろで、むだづかいをしてしまったなどのほかに、たとえば働いている会社の経営状態が悪くなって、給料が支払われなくなるとか、自然災害の被害にあうなど、予想外の出来事が起こってお金を返せなくなることも

ある。中には、お金を返すためにべつのところから借りて、さらにべつのところからも借りて、ということをくり返す人もいるよ。こうなると、借金の金額がどんどん大きくなって、お金をぜんぶ返すことがとてもむずかしくなる。最悪の場合、社会的な信用をなくして、新しく借金ができなくなったり、これまでの生活をすべて失うこともあるんだ。

お金を借りるときは、よくよく考えて、無理のない計画を立てないといけないよ。借金には、こわい面があることを、知っておこう。

学びの流れ

❶借金のルールについて、おさらいしよう。
❷借りたお金を返さなければ、どんなことが起こるかな？　自分で考えてみよう。それから、みんなで話し合おう。
❸学びをまとめよう。　例：借金を返さなければ、銀行などは、財産や給料をさしおさえるなどの措置をとることもできる。借金は、人生を大きくくるわせてしまう、とてもこわい面がある。

> お金は、ぜったいに気軽に借りてはいけないのね。

4時間目では、お金を貸し借りするときの
ルールを学んだね。
つぎの質問については、どう考えるかな？
クラスのみんなで考えてみよう！

質問

どんな場合でも、おこづかいの貸し借りをしてはいけないの？

【解説】友だちにお金を貸したり、おかしやジュースをおごったりするのは、いいことかな？　おこづかいは、もとはといえば、お父さんやお母さんが働いて得たお金だ。みんなが自分で稼いだお金ではない。かりに、お手伝いをしてもらった「おだちん」だとしても、それでもやっぱり、家の人が稼いできたお金がもとになっているし、みんながお手伝いという労働の「対価」として得た、大切なお金だ。そんなお金を貸して、なかなかもどってこなかったら、毎日、やきもきしてすごさなければならないよ。なかよしの友だちに対して、いつ返してくれるのかなと心配するのは、したくないことだよね。

だけど、どんな場合でも、お金は貸してはいけないのかな？　たとえば、いっしょに出かけた友だちが、うっかりさいふをなくしてしまい、帰りの電車代がなくてこまったとする。そんなとき、電車代を貸してあげるのも、いけないことかな？　反対の立場なら、どうだろう。友だちから電車代を借りたら、家の人におこられてしまうかな？　どうすればいいか、考えてみよう。

> お金を貸してもらって助かったなら、
> 家の人に、助けてもらったことを伝えよう。
> そしてお礼を言って、かならずすぐに、返そうね。

学びの流れ

❶おこづかいの貸し借りをしてはいけない理由を、考えよう。
❷貸し借りがやむをえない場合があるとしたら、どんな場合か、話し合おう。
❸学びをまとめよう。　例：お金を友だちどうしで貸し借りするのはよくないことだ。だけど、例外もある。友だちがこまっていたら、助けてあげられるといいよね。貸し借りする前に、ほかの方法も考えられるといいよ。お金だけでなく、物の貸し借りも同じだよ。

クラウドファンディングって何？

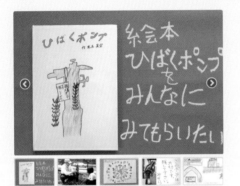

被爆ポンプを守りたい ～絵本「ひばくポンプ」をこどもたちへ～

kodamahitomi　書籍・雑誌出版　広島県

¥ 現在の支援総額
936,000円
156%
目標金額は600,000円

支援者数
86人

募集終了まで残り
11時間

プロジェクトを支援する ▶

♡ お気に入り

『被爆ポンプです 残して下さい。』被爆二世の永原富明さんからメッセージを受け取り当時9歳の小学生が一冊の絵本を作りました。子供らしい素朴な絵と文だからこそ心に届くこの絵本を沢山の人に届けたい。新しい平和の継承の形。この新たな試みに、一緒になって立ち向かって下さる応援団を募集します！

©CAMPFIRE,Inc.

インターネットを通じて、活動のために多くの人から資金を集めるよ。

目的としくみを知ろう！

クラウドファンディングの3つの例

　クラウドファンディングは、ある目的のために、インターネットを使って人々から広くお金を集めるしくみのことだ。もともとはインターネットを通じた寄付活動で、アメリカなどで行われていたものが進化して、今のしくみができたよ。いくつかのタイプがあって、たとえば下の3つがある。

　クラウドファンディングが人気の理由は、プロジェクト（活動）を提案する人が、銀行などの力を借りずに、活動のためのお金を集めることができることだ。ただし、**出したお金は返ってこないこともあるから、気をつけなければいけない。**小さな金額で参加するのがおすすめだ。

注意しよう！
貸付型は、お金を返してもらえないなど、問題のある例もある。金融庁が注意をよびかけているよ。

❶寄付型

「ある地域の環境を守りたい」「こまっている人へ直接、支援をとどけたい」などの目的に共感した人が、見返りを求めずにお金を出すよ。ふつうの寄付とくらべて、お金の行き先がよりわかりやすいといえるね。

❷購入型

ものづくりなど、プロジェクトに共感した人がお金を出すよ。プロジェクトが成功したら、リターン（特典）とよばれる見返りを期待できるのが特徴だ。

❸貸付型

参加者が、クラウドファンディングのWEBサイトを運営する会社を通じて、お金を企業などに貸し付ける。順調にいけば、参加者には、出したお金と「分配金」とよばれるお金が支払われるよ。

クラウドファンディング② 購入型とは？

お金を集めて、さまざまな活動を実現！

３つのタイプのうち、もっとも多くの金額が動いているのは、③の貸付型クラウドファンディングだけど、みんながインターネットなどで目にするのは②の「購入型」じゃないかな。どんな目的に対してお金を出すのかが、わかりやすいんだ。たとえば、どんなプロジェクトがあるかというと…

●新しい技術を使った商品を開発する　●映画をつくる　●本を出版する
●ゲームやアプリを開発する　●アーティストのＣＤをつくったり、コンサートを開く

など、アイデアしだいでいろいろな分野のプロジェクトが可能だ。

ポイント① ネットでだれでも、参加できる！

クラウドファンディングの運営会社の審査を通れば、個人でも、団体でも、小さな会社でも、だれでも提案者としてプロジェクトを立ち上げることができる。インターネットで知って「いいね！」と思った人は、だれでも参加者として、小さな金額からお金を出せるよ。

ポイント② リターン（特典）が期待できる

「購入型」では、「できあがった商品を、ほかの人より先に買える」「本に、あなたの名前が書かれる」「映画に出演できる」のように、リターン（特典）がついていることがある。ただ、プロジェクトがうまくいかない場合などに、リターンを受け取れないこともあるので注意しよう！

出版プロジェクトの例

本のさいごの「寄付をいただいたみなさま」の欄にあなたの名前がのる！

「購入型」クラウドファンディングの注意点

・子どもだけで参加しない。

いちどお金を出すと、キャンセルできないこともある。かならず家の人に相談してからにしよう。

・目標金額にとどかなかったときはどうなるか、調べよう！
参加者にお金が返ってくる場合と、返ってこない場合がある。先にしっかり調べておこう。

・プロジェクトについてきちんと説明されているか確認しよう！
プロジェクトの内容がわかりにくくないか、過去の実績はどうか、お金を出す前にしっかり確認しよう。

クラウドファンディングの運営会社と、プロジェクトの提案者についてもよくたしかめよう！！

監修：**玉置 崇**　たまおきたかし

岐阜聖徳学園大学教育学部教授。
愛知県小牧市の小学校を皮切りに、愛知教育大学附属名古屋中学校や小牧市立小牧中学校管理職、愛知県教育委員会海部教育事務所所長、小牧中学校校長などを経て、2015年4月から現職。数学の授業名人として知られる一方、ICT活用の分野でも手腕を発揮し、小牧市の情報環境を整備するとともに、教育システムの開発にも関わる。文部科学省「校務におけるICT活用促進事業」事業検討委員会座長をつとめる。

監修：**みずほ証券株式会社**

（コーポレート・コミュニケーション部 投資教育推進室）

小学生から社会人まで、幅広い世代に対して社会貢献として金融経済教育に取り組む。学校向けには、子どもたちが「生きる力」を育めるよう、消費者、キャリア、起業家教育等の要素も加味して、全国各地で授業を実施。また、教員研修に加え、教職大学院とともに教員養成支援の研究等も行っている。

装丁・デザイン： 倉科明敏（T.デザイン室）
編集制作：常松心平、鬼塚夏海（オフィス303）
編集協力：安部優薫
写真：PIXTA（P20左,P21,P33,P35,P39）

※この本に掲載している情報は、2020年10月現在のものです。

マンガとイラスト：**いぢちひろゆき**

1969年、大阪府出身。イラストレーター、マンガ家。立命館大学文学部卒業後、女性誌編集者を経てイラストレーターとして独立。とんちのきいたマンガとイラストを持ち味としている。
いぢちひろゆきの公式サイト ⇒ https://www.ijichihiroyuki.net

かしこく学ぼう！ はじめてのお金教室
③お金を貯めよう

NDC330　40P　30.4×21.7cm

2020年11月30日　第1刷発行

監修　　玉置崇・みずほ証券株式会社
まんが　いぢちひろゆき
発行者　佐藤諭史
発行所　文研出版
　　　　〒113-0023 東京都文京区向丘2丁目3番10号
　　　　児童書お問い合わせ (03) 3814-5187
　　　　〒543-0052 大阪市天王寺区大道4丁目3番25号
　　　　代表 (06) 6779-1531
　　　　https://www.shinko-keirin.co.jp/
印刷・製本　株式会社太洋社

©2020 BUNKEN SHUPPAN Printed in Japan ISBN978-4-580-82426-3 C8333

**かしこく学ぼう！
はじめてのお金教室
全4巻**

①お金を知ろう
②お金を使おう
③お金を貯めよう
④お金を得よう

全巻セット定価：本体11,200円（税別）
ISBN978-4-580-88650-6

この本を読んだみなさんへ。

「お金について、もっと勉強しておけばよかった！」と、
おとなの人からよく聞きます。

なぜでしょう？　じつは、お金のことを学ぶことができ
る機会は、とても少ないのです。

子どものときから少しずつ、お金について学ぶことが必
要です。みなさんに、お金について知ってほしいと思い、
この本をつくるお手伝いをしました。

4さつの本を通して、少しずつ、みなさんにとって将来
役立つことを知ることができます。

読んだあとに、お金を通して、将来のことやこれからの
社会のことを考えてもらえればと願っています。

学校の先生方へ。

「お金のことを、もっと教えてほしい」という生徒や保
護者のみなさんの声が、ふえています。

でも、先生方からは「むずかしそう……」「教える時間
がない」といった声も、よく聞きます。

ぜひ、この本を使ってみてください。

社会科だけで教える必要はありません。教科のなかに、
少しずつ取り入れることもオススメです。

道徳、家庭科、算数、生活科、総合的な学習、修学旅行
などの特別活動……などなど。

子どもたちが将来、自立して生きる力をやしなうため、
この本は先生方のお力になると信じています。

みずほ証券株式会社
コーポレート・コミュニケーション部 投資教育推進室